ORAÇÕES PARA A MINHA FAMÍLIA

A prática da oração na igreja doméstica

EDITORA
AVE-MARIA

© 2013 by Editora Ave-Maria. All rights reserved.
Rua Martim Francisco, 636 – 01226-000 – São Paulo, SP – Brasil
Tel.: (11) 3823-1060
Televendas: 0800 7730 456
editorial@avemaria.com.br • comercial@avemaria.com.br
www.avemaria.com.br

ISBN: 978-85-276-1435-1

Capa: Bruno Dias

4ª reimpressão – 2019

**Dados Internacionais de Catalogação na Publicação (CIP)
Angélica Ilacqua CRB-8/7057**

Orações para minha família: a prática da oração na igreja doméstica / organizado pela Equipe Ave-Maria. – São Paulo: Editora Ave-Maria, 2013. 48 p.

ISBN: 978-85-276-1435-1

1. Benção 2. Orações 3. Família – vida religiosa I. Equipe Ave-Maria

13-0398   CDD 242.8

Índices para catálogo sistemático:
1. Família – vida religiosa   242.8
2. Orações   242.8

Diretor-presidente: Luís Erlin Gomes Gordo, CMF
Diretor Administrativo: Rodrigo Godoi Fiorini, CMF
Gerente Editorial: Áliston Henrique Monte
Editor Assistente: Isaias Silva Pinto
Preparação e Revisão: Adelino Dias Coelho, Isabel Ferrazoli e Danielle Sales
Diagramação: Ponto Inicial Estúdio Gráfico e Editorial
Produção Gráfica: Carlos Eduardo P. de Sousa
Impressão e Acabamento: Gráfica Infante

A Editora Ave-Maria faz parte do Grupo de Editores Claretianos (Claret Publishing Group).
Bangalore • Barcelona • Buenos Aires • Chennai • Colombo • Dar es Salaam • Lagos • Macau • Madri • Manila • Owerri • São Paulo • Varsóvia • Yaoundé.

SUMÁRIO

Introdução 5

Oração por nosso lar 7

Oração por nossos pais 8

Oração por nossos filhos 10

Oração por minha esposa 11

Oração por meu marido 13

Oração por nossos trabalhos 15

Oração por nossos filhos na escola 17

Oração do casal para as horas de lazer 19

Nossa oração em viagem 20

Oração na hora da doença 22

Oração diante da morte 23

Oração do casal para obter a humildade 25

Oração do casal para vencer a avareza 27

Oração do casal para evitar a luxúria 28

Oração do casal contra a inveja 30

Livrai-nos, Senhor, da gula! 31

Oração do casal contra ódio, crueldade
e vingança 33

Senhor, tirai-nos dos braços da preguiça 35

Oração dos casais de segunda união 36

Oração do casal diante de Jesus Crucificado 38

Oração do casal à nossa Mãe do céu..................... 40

Oração do casal a São José, esposo da
  Bem-aventurada Virgem Maria.......................... 41

Oração à Sagrada Família 43

Oração ao Divino Espírito Santo 45

Ação de graças 46

INTRODUÇÃO

O prezado leitor vai encontrar neste pequeno livro reflexões sobre a família em forma de oração.

A vida em fraternidade vem a ser o grande desafio de nossa vida espiritual, pois não existem duas pessoas de temperamento idêntico. Sempre haverá diferenças entre elas. Saber conviver exige sabedoria de vida, discernimento e prudência, frutos da graça de Deus.

Essas atitudes são mais fáceis de serem colocadas em prática fora de casa – no trabalho, na escola, em nossa vida social – do que dentro de nossos lares. O teste mais importante da vida em comunidade é feito com nossa família, ali, onde todos presenciam nossos atos cada dia e por isso nos conhecem a fundo.

Nosso Senhor Jesus Cristo, antes de subir ao céu, nos mandou dar testemunho da boa-nova que ele nos veio anunciar: "Descerá sobre vós o Espírito Santo e vos dará força; e sereis minhas testemunhas... até os confins do mundo" (Atos 1,8).

Inseridos pelo Batismo na Igreja, que é o Corpo Místico de Cristo, somos convidados a ser comunidade de amor, reflexo do Amor de Deus e da vida íntima de comunidade da Trindade: Pai, Filho e Espírito Santo.

Se quisermos avaliar a profundeza de nossa Fé, a firmeza da Esperança e o ardor da Caridade, meçamos nosso comportamento na comunidade natural: a nossa família. Jesus nos disse: "Toda árvore boa dá bons frutos; toda árvore má dá maus frutos" (Mateus 7,17).

Que o Senhor se digne conceder sua graça a quem se utilizar destas reflexões em forma de oração e que, através delas, muitas famílias sejam abençoadas e restauradas.

1

Oração por nosso lar

Senhor Jesus, dissestes que todo aquele que ouve vossas palavras e as pratica "é semelhante a um homem que, edificando uma casa, cavou bem fundo e pôs os alicerces sobre a rocha"; casa que resiste a todas as tempestades (cf. Lucas 6,47-49).

Sabemos que o fundamento de nosso lar é o amor que devemos ter um para com o outro, por nossos filhos e por todas as demais famílias, como mandamento maior que nos deixastes.

Meu Jesus, abraçastes a cruz por nosso amor de maneira total e gratuita, dando-nos o exemplo para construirmos nosso lar. Queremos acolher com amor a cruz de cada dia, pois nos dissestes: "Quem não toma a sua cruz e não me segue não é digno de mim" (Mateus 10,38).

Dai-nos vossa Sabedoria, dom de vosso Espírito, para combatermos o orgulho, fonte de todos os vícios, a fim de ficarmos livres:

- de só estarmos bem quando as pessoas fazem o que queremos;
- de nos fazermos de vítimas quando ninguém reconhece nossas tarefas;
- e de alimentarmos mágoa, fruto do orgulho ferido, como se fôssemos o centro da casa.

Por fim, dai-nos vossa Paz, que decorre do perdão, do esquecimento de nós mesmos, e de vermos a vós em cada um de nós, Senhor. Assim seja.

2

Oração por nossos pais

Senhor, neste dia, voltamo-nos para vós para vos agradecer por nossos pais que sempre quiseram nossa felicidade e nos apontaram o melhor caminho.

Agora que formamos um casal, nos vemos em situações parecidas com as que eles vivenciaram e damos mais valor a seus conselhos.

Portanto, dai-nos paciência para ouvir suas observações, fruto de sua experiência e nos mostremos agradecidos.

Vós que nos deixastes vossa Palavra de que no começo fizestes o homem e a mulher e lhes dissestes "Por isso, o homem deixará seu pai e sua mãe e se unirá à sua mulher; e os dois formarão uma só carne" (Gênesis 2,1,24; Mateus 19,5), dai-nos a ciência de saber zelar por nosso lar sem nos esquecermos de nossas origens.

Que nos sintamos animados para sentar à mesa com eles num ambiente de família unida, onde nossos filhos aprendam com seus avós sua sabedoria de vida, os respeitem e os amem.

Que tenhamos sempre o cuidado de não esquecê-los e, estejamos onde estivermos, nunca deixemos de nos comunicar com eles, tratando-os com carinho e atenção.

E que, na oração de cada dia, os coloquemos diante de vós num preito de gratidão, pedindo por sua saúde e felicidade. Assim seja.

3

Oração por nossos filhos

Nosso Pai do céu, vimos à vossa presença a fim de vos agradecer os filhos que nos destes, chamando-nos assim a participar da transmissão da vida.

Sabemos de nossa responsabilidade de encaminhar nossos filhos para vós, fazendo brotar neles as sementes que plantastes em seu coração, antes mesmo que nascessem. Concedei-nos ser exemplo para eles de verdade, esperança e amor, a fim de que nossos atos confirmem os conselhos que lhes damos.

Abençoai-nos principalmente com os dons da acolhida e da disponibilidade, a fim de sempre termos tempo para atendê-los e ouvi-los.

Que eles encontrem sempre em nós, ao lado da esperança e do otimismo, o apoio, para se levantarem de suas faltas, e ânimo, para enfrentarem desafios e decepções.

Defendei-nos, Senhor, da tentação de querer ver resultados imediatos, mas sejamos pacientes com eles, respeitando seus limites e seu ritmo natural.

Por fim, querido Pai, vós que estais em contínua comunicação com o Filho e o amais no Espírito Santo, favorecei-nos com vossa graça a fim de que jamais interrompamos o diálogo com eles e, juntos, busquemos a verdade no amor. Assim seja.

4

Oração por minha esposa

Ó meu Jesus, vós estais unido à Igreja, vosso Corpo Místico, e com ela mantendes aliança, amando-a a tal ponto, que destes a vida por ela. Fazei que eu tenha amor semelhante por minha esposa.

Nossa união é presença sacramental desse amor que tendes pela Igreja. Que minha fidelidade a ela, inspirada na vossa, esteja presente em todos os momentos de minha existência.

Vós e vossa Igreja constituís um só Corpo. Assim também que eu e minha esposa, que somos uma só carne, nos tratemos como duas pessoas iguais, com inteligência e vontade próprias, e renovemos nosso matrimônio todos os dias.

Senhor, vós não oprimis vossa Igreja, antes, respeitais a liberdade de cada membro dela. Assim possa eu respeitar a liberdade de minha esposa e que tudo seja resolvido pelo diálogo entre nós sem que um busque ser superior ao outro.

Que eu seja gentil com ela e saiba ceder diante de gostos diferentes dos meus e mais valorize a paz entre nós do que teimar por questões secundárias.

Que eu seja humilde em lhe pedir perdão quando eu errar e pronto em aceitar seu pedido de desculpas, de tal modo que nunca durmamos sem nos falar.

Assim, a vida em comunidade, a participação ativa e constante na Eucaristia, a partilha espiritual e material nos possibilitem a união convosco e a união fraterna. Assim seja.

5

Oração por meu marido

Ó Maria, Mãe de Deus e Esposa do Espírito Santo, assisti-me nesta oração que faço a vosso Filho, Jesus, por meu marido.

Dai-me, Senhor Jesus, sensibilidade e disponibilidade que ornamentavam a vida de vossa Mãe, sempre pronta em ajudar e seguir para onde lhe mostrava vossa vontade.

Meditando vossa Palavra, estou bem ciente de que fizestes o homem e a mulher para usufruírem a mesma dignidade; no sentido espiritual, o esposo é o Cristo e a esposa é a Igreja. "Por isso", dizeis vós: "o homem deixará seu pai e sua mãe e se unirá à sua mulher; e os dois formarão uma só carne" (Mateus 19,5). Assim: "Não há homem nem mulher, pois somos um só em Cristo" (Gálatas 3,28).

Que eu possa ajudá-lo a crescer como pessoa, estando ao seu lado em todos os momentos. Que eu aceite meu marido como ele é e não caia na tentação de querer mudá-lo. Dai-me forças para compreender seus defeitos e limitações.

Que eu o valorize por aquilo que ele é, e não por sua posição social, pois as qualidades que um dia me encantaram não se limitam à sua aparência, mas à sua pessoa integralmente.

Fazei que eu assuma esse novo caminho a dois, que escolhi diante do Altar, e tenha vossa graça para superar as dificuldades da vida.

Se houver ofensa, que eu tome a iniciativa
de procurá-lo, sem ficar à espera que ele
venha até mim, e que nos perdoemos
mutuamente sem ir dormir brigados.

E que nos amemos muito um ao outro,
lutando sempre pela vida. Assim seja.

6

Oração por nossos trabalhos

Senhor, vimos à vossa presença para
que nos assistais com vossa graça e nos
esforcemos mais em *ser* do que em *ter*.
Pois lemos nas Sagradas Escrituras que a
raiz de todos os males é o amor ao dinheiro,
e por causa disso muitos se afastam da fé
e a si mesmos se afligem com múltiplos
tormentos (cf. 1Timóteo 6,10).

Entendemos que somos apenas
administradores dos bens que em vossa
bondade nos concedeis, mesmo aqueles
que são obtidos através de nossos trabalhos.

Assim sendo, Senhor, dai-nos corações desprendidos para não nos apegarmos ao dinheiro e aos bens, mas que, pelo contrário, pratiquemos a sobriedade, confiemos nas pessoas e sejamos sensíveis e disponíveis para ajudar a quem precisa.

Livrai-nos da busca desenfreada de riquezas que nos podem levar a cometer injustiças com nossos empregados; roubos, desonestidades, mentiras e fraudes com nossos colegas de trabalho.

Enchei nosso coração de bom senso e discernimento de tal modo a não cairmos na tentação de comprar por impulso e nos enredarmos no consumismo sem limites.

Que nosso tesouro esteja na prática constante do amor, da misericórdia, da piedade, bens que a "traça não corrói, nem os ladrões furtam ou roubam" (Mateus 6,19-20). Assim seja.

7

Oração por nossos filhos na escola

Meu Jesus, como vós, aos 12 anos, no Templo com os doutores da lei (cf. Lucas 2,46), nossos filhos estão indo à escola para adquirir conhecimentos que levarão para toda a existência.

Iluminai seus diretores e professores para que saibam despertar neles a alegria de aprender, levantá-los quando os sentirem desanimados, de tal modo que, além de lhes ensinarem as matérias escolares, os eduquem para a vida.

Pedimos-vos, meu Deus, que abrais seu entendimento e, sobretudo, lhes deis prudência e discernimento para saberem respeitar os professores e conviver com os colegas.

Fazei que sejam caridosos com os outros companheiros, prontos para perdoar e pedir desculpa. Abri seus corações com os sentimentos de misericórdia e compaixão de tal modo que, se for necessário, partilhem seus lanches com quem não tem e emprestem de boa vontade sem ficar cobrando.

Escreveu São Lucas que, depois de terdes estado no Templo, descestes com vossos pais para Nazaré e lhes éreis submisso e crescíeis em "estatura, sabedoria e graça, diante de Deus e dos homens" (cf. Lucas 2,51-52).

Ao voltarem para casa, que eles encontrem não só um ambiente acolhedor e propício para o estudo, mas exemplos de presteza, trabalho e persistência que os acompanhem por toda a vida. Assim seja.

8

Oração do casal para as horas de lazer

Senhor Jesus, por vossa Encarnação experimentastes nosso modo de viver, com alegrias e tristezas, menos o pecado. Ajudai-nos neste momento de descontração e relaxamento para aumentarmos os vínculos de amor entre familiares e amigos.

Abençoai-nos para que este encontro cultive a fraternidade entre nós, pois sabemos, Senhor, como é importante estarmos amorosamente presentes uns aos outros, transmitindo valores em todo tempo e lugar.

Que possamos dar exemplo aos nossos filhos de espírito de serviço e de interesse pelo bem do outro, mostrando-lhes que a felicidade verdadeira consiste em fazer os outros felizes.

Que saibamos praticar a partilha de alimentos, bebidas, roupas e objetos. Mas que saibamos, sobretudo, ter tempo para ouvir o outro, dar-lhe atenção, de tal modo que se sinta acolhido e amado.

Senhor, que dissestes que onde dois ou mais se "reunissem em vosso nome, estaríeis no meio deles" (cf. Mateus 18,20), recebei agora nosso pedido para que sejamos unidos, nos amemos uns aos outros e voltemos para nosso lar num clima de paz e de felicidade que só vós podeis dar. Assim seja.

9

Nossa oração em viagem

Senhor Jesus, lemos em vosso evangelho que vós também tivestes de viajar às pressas: "Um anjo do Senhor apareceu em sonhos a José e disse: 'Levanta-te, toma o menino e sua mãe e foge para o Egito'. [...] José levantou-se durante a noite, tomou o menino e sua mãe e partiu para o Egito" (Mateus 2,13-14).

Vimos, Senhor, vos pedir que nos abençoeis nesta viagem, a fim de que vamos e voltemos em segurança. E, se não pudermos levar nossos filhos, cuidai deles por vossa Providência. Estaremos em contato com eles, a fim de lhes manifestar concretamente nosso amor.

Meditamos também nas Sagradas Escrituras que vossa Mãe Santíssima quis viajar às pressas para as montanhas para ir assistir sua prima, Santa Isabel, no parto de São João Batista (cf. Lucas 1,39-45).

Dai-nos a graça de podê-la imitar de tal modo que em nossa viagem tenhamos um relacionamento amistoso com as pessoas que cruzarem nosso caminho e, se estiverem viajando conosco, ofereçamos toda a atenção, dividindo com elas tudo o que se fizer necessário para ajudá-las.

Sustentai nossa caridade a fim de que mantenhamos nosso bom humor e otimismo, ao tomarmos as providências para superar contratempos que possam surgir durante nossa viagem. Assim seja.

10

Oração na hora da doença

Senhor Jesus, nesta hora de doença, acreditamos em vós e temos certeza de que esta provação pela qual estamos passando não é de vossa vontade, mas consequência da fragilidade da matéria e por causa da fraqueza de nosso corpo.

Cremos firmemente que vós só quereis o nosso bem e por isso estais ao nosso lado compartilhando de nossa aflição, oferecendo-nos vossa força e coragem. Sim, meu Deus, nós aceitamos a vossa graça e, firmados nela, tomaremos todas as medidas que pudermos para procurar os médicos e assumir de boa vontade remédios e tratamentos.

Assisti o nosso doente para que não se entregue à enfermidade e que reaja ao mal com fé no vosso auxílio e poder. Dai-lhe a graça da acolhida de tal modo que receba bem as visitas, se as houver, atenda bem aos médicos e seus auxiliares e se mostre agradecido por seus cuidados.

Fazei-nos generosos e sensíveis a fim de termos disponibilidade não só com nosso doente, mas que também partilhemos nossa atenção com outros enfermos, parentes e amigos.

Que deste momento de dificuldade possamos todos sair com amor mais unido, esperança mais forte e disposição para continuar lutando pela vida de que vós sois contínua fonte. Assim seja.

11

Oração diante da morte

Nosso amorosíssimo e misericordioso Pai do céu, que em vossa divina Providência acolhestes este nosso irmão junto de vós, embora consternados pela falta irreparável de sua presença entre nós, vimos vos dizer que aceitamos humildemente seu passamento.

Acreditamos que a vida não acaba quando é dado o último suspiro. O corpo será enterrado ou cremado, mas a alma vai para junto de vós. Por isso, se a tristeza e a saudade tomam conta de nós, a certeza da imortalidade nos conforta e nos enche de esperança.

Meditando nas palavras que vosso Filho nos ensinou, "Eu sou a ressurreição e a vida. Aquele que crê em mim, ainda que esteja morto, viverá. E todo aquele que vive em mim jamais morrerá" (João 11,25), brilha para nós a esperança de uma feliz ressurreição como vós.

Rezamos, pois, com vossa Igreja: "Senhor, para os que creem em vós, a vida não é tirada, mas transformada. E, desfeito nosso corpo mortal, nos é dado, nos céus, um corpo imperecível" (Prefácio da Missa dos Fiéis Defuntos).

Assim, acreditamos em vossa Ressurreição, na vitória sobre a morte física e sobre a que provém do pecado. Cremos que este teu filho já recebeu um corpo espiritual à semelhança do vosso e está ressuscitado junto de vós, como também nós estaremos um dia. Assim seja.

12

Oração do casal para obter a humildade

Senhor Jesus, que dissestes "Tomai meu jugo sobre vós e recebei minha doutrina, porque eu sou manso e humilde de coração" (Mateus 11,29), dai-nos a graça de sermos um casal humilde.

Quando errarmos, que tenhamos coragem de assumir o próprio erro e não nos rejeitemos como Adão e Eva, que, não obstante a proibição divina e levados pela soberba, quiseram ser como Deus e, após a queda, se acusavam mutuamente.

Sabemos, Senhor, que o orgulho é a rainha de todos os vícios, dá origem a injustiças por causa da tendência de querermos nos sobressair mais que os outros, de nos aproveitarmos das pessoas, manipulando-as em benefício próprio.

Que não cedamos à tentação de um querer dominar o outro de tal modo que, quando houver opiniões diferentes, por soberba, não se queira mais participar de nada.

Que não nos façamos de vítimas, achando-nos incompreendidos e desvalorizados quando não formos elogiados nem nosso trabalho reconhecido.

Livrai-nos do orgulho ferido. Que sejamos generosos no perdão e que nunca alimentemos em nosso coração a mágoa, que só serve para nos afastar um do outro e nos leva a viver como dois estranhos.

Dai-nos, portanto, um coração humilde, pronto a pedir desculpas e aberto para perdoar. Assim seja.

13

Oração do casal
para vencer a avareza

Senhor Jesus, que nos destes exemplos de inteira pobreza, nascendo e morrendo desprovido de todo conforto, ensinai-nos a não nos apegarmos ao dinheiro, mas a bem usá-lo para as nossas necessidades, com discernimento e prudência.

Iluminai-nos para não depositarmos nosso coração nas coisas que passam, mas naquelas que não passam (cf. Mateus 6,21). Meditamos também em vossas palavras: "Não ajunteis para vós tesouros na terra, onde a ferrugem e as traças corroem, onde os ladrões furtam e roubam" (Mateus 6,19). Livrai-nos, Senhor, do incontrolável vício de querer cada vez mais acumular e reter bens, pondo neles a nossa segurança.

Abri nosso coração para a partilha com todas as pessoas, de casa e de fora dela, sem preconceitos, sem "muros" não só dos bens materiais, mas também do nosso tempo, de nossa acolhida, respeito e atenção.

Senhor, dai-nos vossa sabedoria a fim de compreendermos que somos administradores e não senhores dos bens que de vossa divina Providência recebemos.

Ensinai-nos, Senhor, a dividir com os pobres nossos bens e a ter coração sensível para ajudar as pessoas necessitadas, de tal modo que em nossa casa haja sempre um prato de comida para lhes matar a fome e uma porta aberta para acolhê-los. Assim seja.

14

Oração do casal para evitar a luxúria

Meu Deus, conheceis nossa fraqueza. Guardamos nossa virtude como que em vasos de barro, frágeis, e só por vosso poder extraordinário podemos permanecer no bem (cf. 2Coríntios 4,7).

Por outro lado, Senhor, nos ensinastes que é do nosso coração que provêm os maus pensamentos, os adultérios e as impurezas. Por isso vimos à vossa presença para nos dardes o dom da humildade, prudência e discernimento para sabermos ser fiéis um ao outro.

Agradecemos-vos, Senhor, o dom maravilhoso da sexualidade que nos leva à união de nossos corpos isenta de pecado, numa entrega por amor. Abri-nos à vida, ao bem comum e à conservação do gênero humano.

Sabemos também, Senhor, que a luxúria não se restringe somente à esfera sexual, mas também às satisfações desordenadas de nossos gostos e desejos, como o consumismo desenfreado, o gasto desnecessário do dinheiro só pelo fato de querermos aparecer e outras práticas que nos levam ao fechamento de nós mesmos.

Dai-nos, enfim, a graça de lutarmos sempre a favor da vida, e que busquemos o bem do outro, como Cristo no lava-pés. Assim seja.

15

Oração do casal contra a inveja

Pai santo, precisamos de vossa graça para lutar contra a inveja com uma boa vontade constante, de tal modo que cada um de nós se alegre com o bem do outro e o ajude a ter sucesso.

Quando meditamos na Paixão dolorosa de vosso Filho, constatamos que ele foi condenado à morte por causa da inveja daqueles que detinham autoridade sobre o povo! (cf. Marcos 15,10)

Esse vício pode nos levar a falar mal do outro, a difamá-lo, a ficar alegre com sua desgraça e a ter tristeza quando o companheiro tem prosperidade nos negócios.

A inveja transforma-se em ódio, que deseja todo mal e, às vezes, até a morte, como de fato aconteceu a Caim, que matou Abel por inveja (cf. Gênesis 4,3-8)!

Dai-nos, pois, a graça de enfrentar esse vício, primeiramente, reconhecendo nossos erros e, na prática, não nos criticando nem acusando mutuamente, mas aceitando o outro como ele é.

Fazei-nos, meu Deus, que reconheçamos nosso valor pessoal, cultivemos a autoestima, pondo para render os dons que nos destes com tanta abundância.

Por fim, abri nosso coração à partilha de tal modo que compreendamos serem nossas conquistas e vitórias construídas por nós dois. Assim seja.

16

Livrai-nos, Senhor, da gula!

Nosso Criador e Pai amoroso, que falastes ao primeiro casal: "Eis que eu vos dou toda a erva que dá semente sobre a terra, e todas as árvores frutíferas que contêm em si mesmas a sua semente, para que vos sirvam de alimento... e a todos os animais da terra" (Gênesis 1,29-30), livrai-nos do excesso de comer e de beber.

Livrai-nos também, Senhor, de todos os nossos desejos de possuir muitas coisas, do exagero nas viagens e nas diversões, de querermos comprar sem necessidade e de consumir em excesso na busca do prazer imediato.

Sabemos, Senhor, que a gula é caminho para a luxúria, para a violência e problemas de saúde, desencadeando bebedeiras, comilanças, problemas com álcool e drogas, e males subsequentes que destroem os lares e esfacelam as famílias.

Não permitais, bom Deus, que percamos o equilíbrio em nossas vidas, perdendo o bom senso e daí, ao invés de comermos para viver, vivamos para comer.

Senhor, fazei que saibamos nos levantar da mesa quando nos sentirmos satisfeitos e não desperdicemos o alimento que nos dais com tanta prodigalidade, e que pensemos em tantas pessoas que passam fome e sede e nos abramos à partilha.

Que vençamos a avareza que nos tenta a guardar tudo para nós e deixemos a caridade vencer nosso egoísmo. Assim seja.

17

Oração do casal contra ódio, crueldade e vingança

A vós nos dirigimos, Senhor Jesus, que dissestes: "Tomai meu jugo sobre vós e recebei minha doutrina, porque eu sou manso e humilde de coração e achareis o repouso para vossas almas" (Mateus 11,29).

Bem sabemos, Senhor, que a ira tem aspectos positivos como reação a situações de injustiça e de degradação moral, mas tem um valor negativo quando fruto do egoísmo, que pode ser desproporcional à contrariedade sofrida.

Por isso, meu Jesus, fazei que sejamos transparentes e falemos a verdade um ao outro quando não concordarmos com alguma atitude a fim de que não durmamos contrariados.

E que pelo diálogo nos reconciliemos e saibamos nos perdoar, pois é o perdão que salva aquele que perdoa e aquele que é perdoado.

Ajudai-nos com vossa luz sobre nossa grande responsabilidade ao vencermos a ira com a paciência, expressa no silêncio, na calma e no sorriso, sobretudo em relação às crianças, que poderão aprender a mansidão ou a violência, conforme o modo de agir dos pais em casa.

Que "cada um de nós seja pronto para ouvir, mas tardio para encolerizar-se, pois a cólera nada resolve. Abri nossos corações para recebermos com docilidade a Palavra de Deus que neles foi plantada" (Tiago 1,19-21). Assim seja.

18

Senhor, tirai-nos dos braços da preguiça

Senhor Jesus, que vos encarnastes em nosso meio e conheceis todas as nossas fraquezas, sabeis muito bem que há momentos de preguiça que nos levam a ficar sem fazer nada e a querer deixar tudo para depois.

Talvez preenchamos nosso vazio ligando a televisão, ouvindo música ou lendo alguma coisa. Na verdade, Senhor, sabemos que com isso estamos fugindo de nós mesmos e do esforço para solucionar os problemas.

Dai-nos a mão, Senhor, para não nos afundarmos nas águas do torpor e do desânimo. Achamos que já fizemos tudo e, como nada deu certo, decidimos não fazer mais nada; com vossa força, porém, sairemos de nós mesmos e de nosso egoísmo e iremos ao encontro do outro.

Nós fomos feitos por vós, meu Pai, por amor e para amar, e só amando o outro gratuitamente é que nos realizaremos. Sabemos que não podemos largar tudo porque algo não deu certo ou porque nosso trabalho não foi reconhecido.

Precisamos nos lembrar, Senhor, de que a vida também foi um dom que nos destes gratuitamente, e nossa maneira de vos agradecer deve ser assumi-la com decisão e responsabilidade.

Dai-nos a graça de termos a humildade de recomeçar por pequenas coisas, pois, como nos ensinastes: "Aquele que é fiel nas coisas pequenas será também fiel nas coisas grandes" (Lucas 16,10). Assim seja.

19

Oração dos casais de segunda união

Senhor, vós nos conheceis mais profundamente que nós mesmos e dirigis nossos passos para a felicidade para a qual nos criastes.

Acreditamos nesta verdade e lutamos por ela. Sabemos que devemos entender que a felicidade não é ausência de dificuldades ou de problemas. Concedei-nos, por isso, o diálogo franco e aberto de tal modo a caminharmos juntos tanto na hora da alegria como da tristeza.

Dirigimo-nos, pois, a vós hoje para vos pedir o dom da sabedoria e do discernimento a fim de buscarmos a felicidade, enfrentando os acontecimentos como são.

Nós fomos criados por vós por amor e para amar e somente nos amando é que seremos felizes. Dai-nos, portanto, Senhor, a graça do perdão a fim de que saibamos nos aceitar mutuamente, passando por cima das diferenças, e mantenhamos a todo custo a paz e a união.

Não permitais que nos fechemos em nós, mas partilhemos com outros casais experiências, caminhos novos, num ambiente de cordialidade, compreensão e carinho.

Senhor Jesus, que nos ensinastes que onde dois ou mais estivessem reunidos em vosso nome vós estaríeis no meio deles (cf. Mateus 18,20), ficai conosco e abençoai o nosso lar, sentai à nossa mesa e morai principalmente em nossos corações. Assim seja.

20

Oração do casal diante de Jesus Crucificado

Senhor, que fostes crucificado por nosso amor, vimos diante de vós a fim de meditar sobre a situação extrema em que estivestes, pouco antes de irdes de volta para vosso Pai.

Vemos de cada lado de vossa cruz dois ladrões. Um deles vos insultou, dizendo: "Não és tu o Cristo? Salva-te a ti mesmo e a nós".

Mas o outro o repreendeu: "Nem sequer temes a Deus, estando na mesma condenação? Quanto a nós, é de justiça;

estamos pagando por nossos atos; mas ele não fez nenhum mal".

Depois vos pediu: "Jesus, lembra-te de mim, quando tiveres entrado no teu Reino". E vós dissestes: "Em verdade, eu te digo, hoje estarás comigo no Paraíso" (cf. Lucas 23,42)!

Senhor, esses ladrões nos simbolizam. Vós nos ofereceis a salvação, mas respeitais nossa opção de escolha. Depende de nós aceitá-la ou não.

Nós dois podemos não acolher vosso perdão nem vossa doutrina santa, isolando-nos um do outro, embora morando debaixo do mesmo teto. Como também, bom Jesus, podemos entrar em comunhão fraterna com o outro, vendo nele a vossa imagem, saindo de nossa solidão e experimentando a vossa misericórdia.

Senhor, dai-nos a graça de reconhecermos nossos pecados e nos deixarmos amar por vós, dizendo: "Lembrai-vos de nós, Senhor Jesus Crucificado". Assim seja.

21

Oração do casal à nossa Mãe do céu

Ó Maria Santíssima, nossa Senhora e nossa Mãe, oferecemos-vos hoje a nossa humilde casa. Vinde habitar nela para nos ensinar a vos amar de fato, imitando vossa vida inteiramente iluminada pelo Divino Espírito Santo, ao amardes São José, vosso esposo, e educando Jesus, vosso filho.

Vós que fostes fidelíssima aos deveres de dona de casa, pedi ao vosso bendito Filho que abençoe nosso esforço de renunciar ao mal e abrir o coração para o bem.

Que nossa *Fé* não fique apenas nas orações a na frequência à paróquia, mas seja operativa, traduzida em obras de amor, entre nós, respeitando-nos mutuamente e tratando-nos em pé de igualdade.

Que nossa *Esperança* seja depositada em vossa poderosa intercessão junto ao vosso divino Filho, Jesus, para entendermos que a felicidade, a que fomos chamados pelo nosso Criador, não significa ausência de dificuldades, mas consiste na aceitação dos obstáculos e a força para combatê-los.

Que nossa *Caridade* não se limite apenas às horas agradáveis, mas também às difíceis, nas quais devemos nos perdoar mutuamente, tendo a humildade de nos reconhecer errados e prometendo nos emendar com a graça de Deus.

Finalmente, acompanhai-nos nesta travessia em demanda da casa de nosso Pai, e vosso. Dai-nos força e coragem para seguir os passos de vosso Filho, Jesus. Assim seja.

22

Oração do casal a São José, esposo da Bem-aventurada Virgem Maria

Ó São José querido, vós sempre estivestes com o coração aberto para os desígnios de

Deus e, com docilidade heroica, seguistes suas determinações.

Dai-nos igual confiança, a fim de nunca duvidarmos da Providência Divina, principalmente na hora de enfrentar problemas, imitando vosso exemplo de fortaleza e disponibilidade.

Ajudai-nos a caminhar juntos; a nos amparar mutuamente e a sempre termos tempo um para o outro, de tal modo que nunca nos fechemos guardando mágoas ou nos negando o perdão.

Pelo contrário, intercedei junto a Jesus, para que sempre dialoguemos com serenidade, não só falando, mas também ouvindo o outro, certos de que temos a mesma dignidade e fomos ambos criados à imagem de Deus.

Queremos vos imitar sendo companheiros, dividindo tarefas e nos apoiando mutuamente em todas as horas, tanto nas de saúde como de doença; no aperto

financeiro e na prosperidade; na alegria
e na tristeza.

Protegei o nosso lar, abençoai nossos
trabalhos e ajudai-nos a compreender o
valor das pequenas coisas, feitas por amor
a Deus, de tal modo que sejamos fiéis um
ao outro e saibamos vencer as tentações
que nos cercam e assim, um dia, podermos
estar convosco no céu. Assim seja.

23

Oração à Sagrada Família

Meu Jesus, que quisestes nos vir salvar,
nascendo em uma família, constituída por
vossa Mãe, Maria Santíssima, e São José,
pedimos que abençoeis nossa família.

Assisti-nos com vossa graça a fim de sermos
disponíveis ao plano de Deus sobre nós
como foi vossa Mãe, que, com seu "sim"
à vontade de Deus, permitiu que entrásseis
neste mundo.

Dai-nos a confiança na Palavra de Deus como foi a de São José, que, através de um aviso de Deus, aceitou permanecer com Maria Santíssima, tomando-a como esposa e aceitando o filho concebido em seu seio por obra do Espírito Santo.

Enchei nosso coração com a sensibilidade e a disponibilidade de vossa Mãe, quando se dispôs a ir depressa ajudar sua prima, Santa Isabel, no parto de São João Batista.

Ensinai-nos a obedecer às autoridades civis, cujo poder vem diretamente de Deus, quando, não obstante a gravidez de Maria, ela e José puseram-se na estrada cumprindo seus deveres de cidadãos.

Poderíeis nascer num berço de ouro, escolhestes, porém, vir ao mundo em extrema pobreza num estábulo, junto de animais. Concedei-nos, Senhor, fazer a opção pelos pobres, aliviando seu sofrimento da melhor maneira, evitando desperdícios e compras desnecessárias.

Que vossa Palavra nos sirva de norteio nesta caminhada para vosso Pai e que, assistidos por vós, cheguemos um dia à Pátria celeste. Assim seja.

24

Oração ao Divino Espírito Santo

Ó Divino Espírito Santo, que no seio da santíssima Trindade sois o Amor de Deus, vinde à nossa família iluminar-nos e nos abrir caminho para a prática da caridade.

Nas águas do Batismo morremos para nossos pecados e renascemos para vós. Vinde, cobri-nos com vossa proteção e nos dai vossos sete dons:

- a *Sabedoria*, pela qual poderemos combater o orgulho e obedecer aos Mandamentos de Deus com sensatez e bom senso;

- a *Inteligência*, que nos ajudará a perceber a finalidade para a qual tudo foi criado por vós e os limites que lhe pusestes;

- o *Conselho*, pelo qual nos libertaremos da escravidão de nossos vícios e dos prazeres imediatos sem medir as péssimas consequências;
- a *Fortaleza*, pela qual teremos forças para fazer o bem, sem nos deixarmos abater pelas dificuldades e transtornos da vida;
- a *Ciência*, pela qual podemos ensinar aos mais jovens o verdadeiro conhecimento da vida e partilhar com eles nossa experiência;
- a *Piedade*, que nos leva a rezar juntos, corrigindo-nos mutuamente, exortando-nos com a Palavra de Deus, construindo a paz;
- o *Temor de Deus*, que nos ajuda a viver intensamente o momento presente, praticando obras de caridade e promovendo a união fraterna. Assim seja.

25

Ação de graças

Senhor Jesus, quando curastes os dez leprosos, vosso evangelista São Lucas narra que somente um vos veio agradecer. Registra também vossa pergunta: "Não ficaram curados todos os dez? Onde estão os outros nove? Não se achou senão este estrangeiro que voltasse para agradecer a Deus?". E vós acrescentastes: "Levanta-te e vai, tua fé te salvou" (cf. Lucas 17,11-19).

Meu Deus, neste momento queremos parar, deixar de lado todos os nossos afazeres para vos agradecer tantas e tantas graças que nos dais a cada momento.

Agradecemos-vos por nos terdes dado a existência por amor, confiando-nos, entre outros dons, o da vida, para que nós fôssemos felizes, amando nossos irmãos.

Somo-vos gratos, Senhor, por nos terdes associado à criação, dando prosseguimento à vida em nossa família. Fazei que, além de lutarmos por ela, ajudemos nossos irmãos nas situações de morte, sem esperança e ânimo para viver.

Nós vos damos graças, Senhor, porque não só nos destes a existência, mas nos sustentais a cada momento com vossa mão providencial. Nosso "muito obrigado" pelo carinho de vossa Providência, pela qual provedes nosso pão de cada dia.

Obrigado, Senhor, pelos sacramentos, canais de vossa graça, especialmente o da Penitência, que perdoa nossos pecados, e o da Eucaristia, quando, em união com os irmãos, alimentamos nossa alma com vosso Corpo e Sangue. Assim seja.